Longe do fim
Otávio Machado

Longe do fim
Otávio Machado

1ª edição, 2018 | São Paulo

LARANJA ● ORIGINAL

ao tempo que me permite estar
ao momento de cada pessoa em minha vida
por olhares e amores, delicados,
toda minha reverência.

Prefácio

O verbo de uma alma cósmica

Otávio Machado faz parte de uma família de poetas para quem a palavra é respiração; por isso, movimento e repouso, ritmo e quietude que nos toca, contagia, e nos impele à apreensão do ritmo original do mundo e à sua respiração essencial. Os poemas reunidos neste *Longe do fim* sintetizam uma poesia predominantemente cósmica no sentido de que assemelha-se a um hino multiforme à natureza e às forças universais, ultrapassando todas as convenções que enquadram a realidade em limites definidos. Aqui não é o choque diante do cosmos que está em primeiro plano. Não, o poeta usa da palavra para realizar a possibilidade de integração e harmonia cósmicas quando alarga os seus limites incessantemente, descentrando-se para se conhecer; autocentrando-se, para conhecer o mundo. E, na senda de Heidegger (e em certa medida também Teillard de Chardin), defende que, se o homem ama as palavras, é porque ama o corpo uno e plural do ser, na sua nudez e no seu esplendor. Indícios…

(...)
o tempo são estrelas
guardiãs do cosmos
alcançando distâncias:
no fundo da manhã
náufragos sôfregos
resgatam os instantes
cuidando das almas
aos ventos que dobram
renovando as estações.

aprendeste a ler
e n t r e l i n h a s
o todo inconfundível
o rosto sem rosto
no século da sina
na noite dos sonhos
na verdade sem som
o cheiro da vida
é a certeza do tempo.

aprendeste a estar iluminada
unificando espera e espaço na
minha existência sobre a tua.
[Poema "Estrelas"]

E ainda no poema "Catedral" encontramos esses versos de intensa esperança:

(...)
ainda guardo nos bolsos
algumas estrelas
para sorrir em noites de lua cheia
que desenhei no teto do quarto tão íntimo
onde o momento segue na revolução silenciosa
revelações nos exercícios de estar
(ou ser o que sou, apesar de mim)

Trata-se positivamente de uma poesia que anima e revitaliza, tonifica e encanta, quando abrimos as portas e janelas a ela. Entretanto, exige de nós um escancaro prévio, uma disponibilidade, uma abertura, uma pré-disposição psíquica que permitam que *jorrem adentro* seus tesouros potenciais a refletir pedaços de uma Verdade espantosa e gigantesca, mas nunca inteiramente desvelada, sempre envolta em uma certa bruma de mistério. Faz-nos cogitar que o lirismo talvez seja filho da percepção súbita — aquele *insight* relampejante — de nossa pequenez de mortais diante das esfinges, inumeráveis e indecifráveis, propostas pela sucessão eterna de eras.

Constatamos em vários poemas também a materialização do lirismo como saída para os questionamentos metafísicos que acometem o poeta. Por isso, o tom difuso da verve espiritualista encarcerada entre o dilema da matéria e a sublimação do espírito, gerando uma poderosa força dialética que tem, numa síntese desse dilaceramento, belos registros de lirismo dialético e poético. Habilidoso jogo em que passamos pelo infinito apenas para retornar ao ambiente prosaico e urbano, onde podemos atualizar as possibilidades estéticas e afetivas do cotidiano:

(...)
nos vemos mais tarde
num lugar sem nome
onde se amontoam estrelas
tempo do quando
dos corpos sutis
por graça
um estado da alma
ir e vir
vivendo as

nove esferas celestes
colheita silenciosa
para buscar serenidade.
[Poema "Colheita"]

Observe-se a profunda consciência de vida e morte. Morto o sujeito, a realidade se mantém indiscriminadamente, sem nenhum rastro de transcendência ou compensação. Poema "Relógio":

mesmo se não estiver
por perto
o mundo acontece
em você.
o vento balança as folhas
da velha mangueira
o dia prepara a cidade,
entre anseios e promessas
sombras das ruas são vidas
entre relações e coreografias.
às medidas das coisas
os corpos perecíveis
hospedam as palavras aos
mil pedaços de partículas plurais
que formam os eventos de sol & lua —
relações de morte renascem ali.
metade em retratos e metade em esculturas
como bocas severinas em eterna vigília
transgredindo as repetidas ressurreições
até sermos finalmente livres
como espíritos perfeitos
começo e fim

*involuntários
na condição humana.
indiferentes somos —
mesmo se não estivermos
por perto
o mundo ainda acontece.*

Veja-se também a atitude vigilante do poeta dentro de uma perspectiva de espera e silêncio típica daqueles que encontram a tão almejada paz de espírito:

*(...)
a noite me concede uma paz
e este rosto esculpido
no silêncio da espera.
[Poema "Paz"]*

Aqui e ali colhemos ainda a maturidade do amor, palpável nos poemas em homenagem à mulher amada: "Dedicatória", "Temperatura" e "Da leveza", do qual transcrevemos a belíssima estrofe:

*(...)
me espera,
vou pelas entranhas
mesmo que sussurre estranho
quando acontece a palavra.
me espera, nos habitamos
nas estrelas familiares
nos teus olhares de vida.
me espera, eu sei que me permite
vou por dentro das artérias*

possíveis do sentimento.
me espera,
não posso colher as flores
sem tuas mãos em mim.

A criação poética de Otávio Machado se abre ao encontro das forças naturais, mobiliza os sentidos para uma reinvenção da existência do homem pós-moderno. Este encontro instaura uma escritura atravessada por irrupções de uma energia do mundo natural situada para além do entendimento do racionalismo redutor e mecanicista. Atua, pois, numa operação de guerrilha psíquica contra a ordem estabelecida do capitalismo com seus padrões de repetição e consumo descartável. É poeta que retrabalha o imaginário a favor de uma reeducação das posturas dos sujeitos contemporâneos e seus modos de se relacionarem com a Terra, com a vida, consigo mesmos. A leitura deste livro, dentre outras coisas, nos faz recordar que o ser humano vive solto no cosmos, vagando dentro da órbita de um planeta que viaja em torno do Sol a 107 mil quilômetros por hora. Aí está imerso, aí protagoniza sua história e se recompõe sempre, pequenino, mas uma parte pensante que ama, cria e contempla — e ao contemplar, constrói — a si e ao mundo.

Krishnamurti Góes dos Anjos

Tempo que diz

De tempo somos,
Somos seus pés e suas bocas.
Os pés do tempo caminham em nossos pés,
Cedo ou Tarde, já sabemos
Os ventos do tempo
Apagarão as pegadas.
Travessia do nada, passos de ninguém?
As bocas do tempo contam a viagem.

Eduardo Hugues Galeano

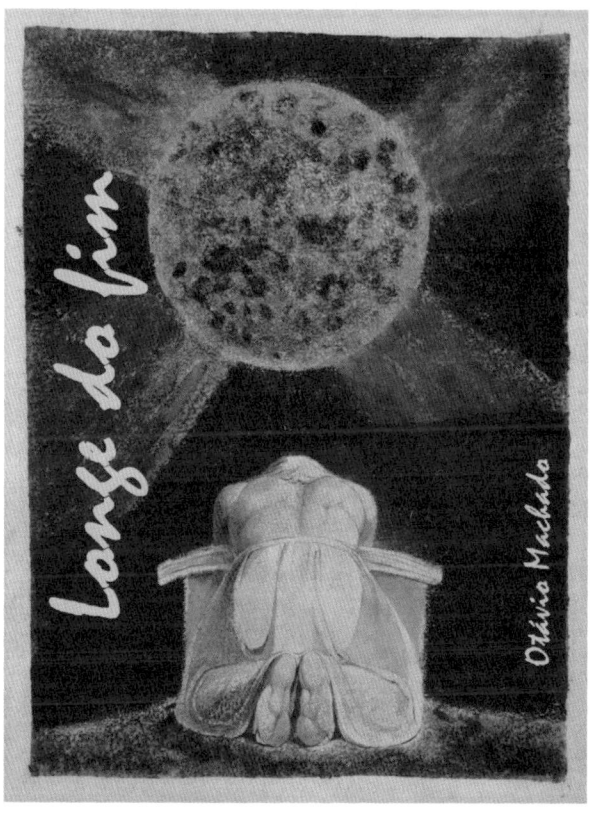

a história do cosmos é a história da vida

esse é o estigma, esse é o segredo que não
                           [conseguimos decifrar,
que não somos capazes de compreender; a relação
                           [humana
e nossa pretensa importância e presença no universo.
a ligação natureza, corpo, espírito,
em viagem por livros entre filósofos, religiosos e
                           [místicos,
contemplando nossa união total ou como apenas
espectadores em carona nessa aventura infinita.
em poucas linhas, desejo então
sentimentos comuns ao dia e ao tempo, o corpo e
                           [alma, navegando
tal como nuvem imensa no espaço,
em abraços físicos e sonhos possíveis,
na viagem do espírito emprestado em que
caminhamos nessa vida plena,
meio que uma inacabada poesia,
palavras que acontecem por dentro, para longe

muito longe do fim

ao teu lado

naquela noite que foi temporal
eu estava ao teu lado
te protegendo do vento
enquanto estavas exposta
à tempestade
eu cuidava com meu escudo
de sentimento
na parte de trás do sonho
no sopro da terra
no tempo concedido
da minha única estrela
de início e de fim.
os anos se foram
morreram todos
um a um
célula por célula
de morte comum
e de ausência.
do espaço na distância
de você iluminada
de presente e passado.
todo corpo precisa uma alma
e a minha nunca foi minha
somente tua,
lá fora existe outro mundo
em algum lugar ao longo do caminho
eu caminhei a pé, em silêncio
e aprendi
só ouvindo o coração.
fiz tratado de paz com a realidade

de respeito às coisas da vida
às coisas do céu
o olhar escrito pelo mesmo lábio:
tenho usado o teu amor ainda,
e sei que me permite
despercebida

sorrindo-me.

aqui

eu quero este abraço
tua respiração em mim
como se fôssemos um

(somos
e seremos)

essa é a finalidade:
unificar a
razão que
basta
ao viver.

ave

a ave está em mim
esse é o mistério
esse é o milagre
com que me iludo.
o voo é círculo
onde termino
alcançando-me inteiro
no tempo em
mo vi men to.
porém se resisto
para além do que existo
é assim a vida.
a ave está em mim
sobrevoando meu canto
alimentando o mesmo sonho
que se consome em flor.
a idade do momento
a conquista a que me apego,
se já te amava
como amo agora.
se o dom da fuga
pelas horas
são formas raras —
a intensão renasce
a ave voa enquanto falo
ao vento e invento
sobrevivendo.
a ave está em mim
esse é o segredo!
e se me alimento da espera

que habita o espaço
(e mesmo o chão)
sou um pássaro,
sou livre como um risco
ou como um riso:
entre a luz e a face
já te amava
como amo agora.

bilhete

vem da ausência
do exílio da voz
a certeza que trago
no *espelho* dos *olhos*
a face exposta
a casa da memória
teu sorriso dobrado
um papel em branco
bilhete no tempo
navegando o rio
até ficar oceânico
e resgatar-me das faltas
e das minhas demoras
sendo a verdade
o que sempre foi —
do amor e da vida
do amor e da morte
unificados
no meu melhor lugar.

hoje sei para onde voltar.

catedral

não sei explicar os passos
nem as sombras de anjos
que moram nos vitrais da catedral
onde a tarde é calma
onde as pessoas rezam
e se buscam por dentro
silêncio das pombas que dormem
sem mais nada a acontecer
até que toquem os sinos
e espalhem os sons pelo vento
revoadas nas ruas sem fim.
ainda guardo nos bolsos
algumas estrelas
para sorrir em noites de lua cheia
que desenhei no teto do quarto tão íntimo
onde o momento segue na revolução silenciosa
revelações nos exercícios de estar
(ou ser o que sou, apesar de mim)

o dia se cala aqui, e é só mais um.
as pessoas cumprem as sinas e
responsabilidades de fé
nos braços do caminho.
promessas e pequenos delitos
e ritos nas cidades de ficção
que passam em nuvens e naves espaciais
e descobrem que ao final de tudo
é somente ela
a vida
ajoelhada em oração

num lindo ato de rebeldia
(todos os dias)
quando tocam os sinos
na catedral.

ciranda

o mar
mor'ada de peixes
e do olhar,
de rabiscos
e poesia.
elemento água
brilhoso
cristal dos olhos,
silencia em paz.
rampa do íntimo
labirinto
filho que nasce
n'outro mais.
daqui cem anos
o homem deitará
de bermuda,
um mundo louco
hospício relativo:
a fé é maior que
a sorte.

colheita

nos vemos mais tarde
num lugar sem nome
onde se amontoam estrelas
tempo do quando
dos corpos sutis
por graça
um estado da alma
ir e vir
vivendo as
nove esferas celestes
colheita silenciosa
para buscar serenidade.

cotidiano

espelho do tempo —
prepara o minuto
envelhece a face
refaz o destino.
evidência de viver
na cidade de curvas
no mundo das horas
em que o dia acontece.
das verdades do espírito
predomínio do azul
entre os raios de sol
atravessando as cortinas.
algum traço há de poesia
preservada na espécie
sob proteção e prece
dos corpos perecíveis

ouço a música dos passos
dos meninos descalços,
o bate-bola nas ruas
as memórias da vila
na manhã infinita.
a nuvem vai lenta
debruçada sobre o século,
as mãos que se acenam
são afluentes dos rios
descendo rente a montanha
arrebatando lembranças:
dos olhares na praça
às cabeças em fila

prepara-se o minuto,
nos becos escuros
às criaturas da noite
repetindo o porquê,
dobrando as esquinas

longe
do
fim

dedicatória

razão da minha vida
fonte de tudo no mundo
que clareia e paira lá
no céu sereno
o sorriso que a estrela espalha
e amanhece ao teu lado
cuidando de tudo —
do gesto comum
do domingo
da vida
única vida
do século
impaciente e pleno
em você há
uma força do passado
um tempo
que o tempo não apaga
uma prece
um sacramento
mapa da alma
causa justa e prometida
à face esculpida
e petrificada.
na semelhança da arte
na condescendência de deus
o mundo é suficiente:
um absoluto sentimento
de suprema brevidade.

ensaio

rota do sol nas calçadas
sobre os muros nos telhados
das frestas da cidade.
dividindo os espaços,
entre os passos
sob o vento do dia,
ao ponto inicial de si
às faces que nunca
verei.
avenidas de neon nas
noites imensas e repletas
deslizando na memória
indo e vindo ao tempo —
águas caladas partindo-se
até serem outras de mim
traduzido me esparramo
em miragens sob o sol,
no pensamento do anjo
que em sentenças de vidas
e de mais vidas
entre a vigília e o sonho,
sobre os toques de piano
enleva os ensaios
o elástico balé do
pensamento
e se levanta:
nas pontas dos pés
no chão e no ar
há um salto no invisível,
uma nova manhã

em minha velha alma
que encantada,
se exausta.

estrelas

aprendeste a chegar tarde
os olhos de sede
de saudade
de vida
que um dia poderia
mas
gritos se perdem na rua
o espaço onde a mão toca
no pensamento que permite
engrenagens do relógio
diferenciarem-se ao dia.

tempo de ser humano
mais rápido que o mundo
no amanhã do agora
no agora passado.

o tempo são estrelas
guardiãs do cosmos
alcançando distâncias:
no fundo da manhã
náufragos sôfregos
resgatam os instantes
cuidando das almas
aos ventos que dobram
renovando as estações.

aprendeste a ler
e n t r e l i n h a s
o todo inconfundível

o *rosto sem rosto*
no século da sina
na noite dos sonhos
na verdade sem som —
o cheiro da vida
é a certeza do tempo.

aprendeste a estar iluminada
unificando espera e espaço na
minha existência sobre a tua.

condor

quando não existir mais
o todo em que vivo
sobre as partes
da pele sob a pele
viajando nas distâncias
entre as cores e os anos
sonharei o sonho
navegando na alma
vencendo os naufrágios.

um outro homem serei —
equilibrando meus passos
renascendo veloz nos dias
no inesperado que avança
cingindo no depois
uma reza silenciosa
do pássaro inacabado
no instante do voo.

exercício

meu exercício é inventar-me
(e me invento!)
uma espera no olho do tempo
me escutando na noite que cala
no segredo das águas passadas —
são longos os braços
entre os círculos de fadas,
um princípio de face guardada.
construção dos versos e das palavras
num motivo que é intenção e gesto,
como um risco a mais no peito
cicatrizes de facas sob a pedra
n'outro vento que tento
encontrar outro azul.
suavidade depois do elo
em que estou e evaporo
ouvindo *João e Maria*,
sem saber o que será
de mim.

fé

sob um céu demasiado azul
minha fé se encanta
e tanto
que quem me vê pelos dias
saberá que as cinzas
eram apenas renascimentos.

identidade

guardo pressentimentos
guardo imagens antigas
guardo o pó do tempo.
trouxe a lição de casa
trouxe as flores
(e traria quantas necessárias)
lendo poesias imaginárias
tenho manhãs imaginárias
como se fossem uma festa
como se pudesse comemorar.
vejo aves enormes
clérigos da igreja
carregando as crenças
e nada se ultrapassa.
 mas tenho a boca definitiva
tenho a noite que cala
na comoção do dia.
pois nasci num instante pequeno
nasci numa casa pequena
como num útero
que não sangra.
voando no sorriso
no abraço do destino
recluso
na insônia da escola mística
na dança das crianças
no pátio
na cidade de achados e perdidos
nos segredos das antecedências
na identidade que preciso cumprir —

de viver como se não vivesse
como uma bomba jogada na praça
como alguém que celebra os erros
como o vento que sopra sempre rouco
como um rasgo na garganta do tempo
sou uma invenção, uma possibilidade.
um circular do céu, um anjo distraído —
feito a ação de um deus comovido.

mãe

hoje me recolho nas coisas perdidas.
naquilo que parecia com o nosso
ontem e no entanto se esvai.
sei, viveu como toda mãe —
amando tão exclusiva
cada detalhe do dia.
sem tristeza e rasuras
escutando os batimentos
e os braços das flores.

das tuas mãos entre
as malas repletas
de tristes memórias
eu tenho uma história:
sobraram meus versos
no bolso de trás.

o sonho nos consentia.

lembra? sem lágrimas e adeuses
na memória
tudo era um enlace de dedos
que se felicitavam
no teu sorriso matinal.

nas cores da cortina da sala
no exagero refinado
de me servir o café.
escondendo-se nos corações
dos antigos familiares

entre as velhas paredes
me protegia.

hoje, quando mais minutos invadem
o fim das minhas horas — me fixei
feito estrelas sobre a tua casa.
no vento forte de uma vida
em tua ausência inusitada.

oferenda

vida minha
sempre será você
que me guardou no coração
que me levou além do céu,
além do sol.
vida minha, nosso sentimento
nunca se perdeu nem se perderá.

pássaros agitam os galhos
que derramam sementes
e renascem flores, em
conspirações da vida
oferendas das almas
que habitam os rios em
correntezas de sangue
despetalam antecedências
na colheita do destino.
é tempo de viver mais:
nosso sentimento
nunca se perdeu
nem se perderá.

passagem

lá fora
existe o mundo
dos minutos sem fim
rotação dos astros
a preparar a vida.
lá fora
existe o dia
rotação dos passos
num círculo infinito —
todo fim é recomeço.
de um céu a outro
as nuvens habitam
o tempo do quando
na possibilidade
de sermos felizes
surpreendendo o instante
na intuição que percebe
na lua a perfeição:
a vida é suavidade.

perder

perder é uma arte
não é definitivo
não é um mistério
nem é tão sério.
perco sempre, a cada dia.

perdi uma cidade
uma estrada
um oceano e
muitos amigos
nesse verão.
mas ganhei a chuva
em recompensa:
carregando o amor aqui
carregando o seu coração
carregando meu peito.

perder não é definitivo
não é nada tão sério.
ganhei esses atalhos
me encontrando pela noite
te encontrando pelos sonhos
nos sinais de identidade
transportando para a vida
muitos dos nossos dias

perder não é definitivo

rasuras

é o tempo que tenho
para os dias do sonho
que decifro e sigo
no signo de peixes
sendo possível
o amanhã.
lápis de ponta quebrada
rasuras
da promessa de felicidade
efêmera no teorema ilógico
do vício de viver —
teatro do sol ao som solar
instante submerso que
surpreende e supera
a palavra s i l ê n c i o
no dia em que sigo o
tempo que tenho
e me anoiteço.

relógio

mesmo se não estiver
por perto
o mundo acontece
em você.
o vento balança as folhas
da velha mangueira
o dia prepara a cidade,
entre anseios e promessas
sombras das ruas são vidas
entre relações e coreografias.
às medidas das coisas
os corpos perecíveis
hospedam as palavras aos
mil pedaços de partículas plurais
que formam os eventos de sol & lua —
relações de morte renascem ali.
metade em retratos e metade em esculturas
como bocas *severinas* em eterna vigília
transgredindo as repetidas ressurreições
até sermos finalmente livres
como espíritos perfeitos
começo e fim
involuntários
na condição humana.
indiferentes somos —
mesmo se não estivermos
por perto
o mundo ainda acontece.

rua vazia

acalma o teu coração
é somente final do dia
não do caminho.
aquieta tua alma, a estrela
ainda é a mesma
memória da noite.
existem na verdade
tantos motivos para estar triste
e tantos outras para se sonhar.
de tudo ainda resta
daquela rua vazia
um pouco de flor
um pouco de nós.

sete cores

a história do cosmos
é a viagem da vida
cruzando a avenida
dos acontecimentos
i r & v i r
sobre si mesmo.

estrelas de cinco pontas
penduradas na atmosfera
destino das células
dna da sina
espelho nas águas
sete cores que tenho
no portento de
sete flores
há uma intenção
e um sentido
ao todo que é motivo
e assinatura final divina.

sinais

do encontro
o encanto
e travessia.
grãos de areia
que são mar.
orações do tempo
no rastro de estrelas
que em nada são guias,
mas, enfim, sinais.
deste dia em que
sou fascinação no
cristal dos olhos
infinitos
do encontro
emaranhado
da vida.

sol

quando o ar for embora
o teu dia partirá ao sol.
só os mortos devem notar
a hora (im)prevista
da gente partir.
a medida das coisas
no pó dos segundos
são espirais da escada
da existência que é
eterno ofício.
surgir aos degraus —
no inesperado
no esperado
como o silêncio acontece:
quando o ar for embora
teu dia parte para o sol.

sonho

é preciso alento
no tempo finito.
na frase que resta
do que em mim presta,
a preciosa fronteira
do preciso sonho
ao sonho que impreciso
se momenta e dissolve nas fibras
nos ponteiros crescentes
contra a corrente
o exercício da poesia
nos anos invisíveis
são evidentes em mim.
dos caminhos até o fim
do sorriso que renascerá
por todo novo começo.

verso

esse teu ritmo desajeitado
esse teu passo descompassado
que me comove entre as vielas

me arrancando nas entranhas
um ritmo imaginado de posse
deplorável sou um culpado
entre as tuas confissões
e as minhas penitências.

mas não posso me perdoar
das mínimas ausências.
e sem nenhuma estética
no verso, eu sei,
equilibrando-se em
nossas fibras, vens e
gritas descontrolada,
mulher!

de repente o dia finda
vira a noite e se aproxima
dos feixes inomináveis
entre os teus cabelos:
a vida é serenizada.

voo

despir-se de mim
de todos extremos
a pele exilada
o silêncio descoberto.
partículas de pó
nas frestas do sol
o infinito branco
na travessia de vento
há consoantes e vogais
em passeio e pensamento
sou eu mesmo que abraço
o abismo do dia —
outro voo outro sonho
na noite que inventa
uma força de dentro
um estar em nós
de pequenas estrelas.

dia

em silêncio
a noite
abraça a vida.
pedra dormindo
chuva azul
lavando o ar.
gato no telhado
anjo delicado
face que se move,
são truques?
o espelho
é o dia,
que acontece.

afeto

com afeto
te dedico a vida.
olhos do dia
espiando a alma,
de dentro do mundo
entre o sonho e a luta.
se onde há um desejo
haverá um caminho,
das mudanças da lua
aos meus passos na rua,
da morte das horas
o acaso acontece,
com simplicidade
te espero no tempo,
das revoltas dos signos
intenções do destino,
um quem sabe da sina.
com afeto
te dedico a vida,
que são mil pedaços
de um amor inteiro.

o poeta morre

morre um poeta
na vida
de morte iludida
e viagem de livros.
morre um poeta da esquina
entupido de nicotina
na asma da cidade,
a morte que ninguém sabe.
morre inundado de letras
rios de alma
morte inacabada.
morre de morte pálida
que nem sangue espirra,
morre condenado nos becos
que só ele andava,
e nem existem.
morre lambuzado
nas padarias da infância.
morre sem comoção
nuvem passando
dia de inventar o sonho.
morre um poeta em mim
e tantos
planos por ai.
morre um poeta astronauta
suicida
faz bico de malabarista.
morre de imensa delicadeza
com olheiras da noite
rascunhos no bolso.

morre encharcado
de vinho
e um amor atrasado
morre de morte morrida,
e todo poesia.
se iluminará?
depois,
do dia repete
e ninguém percebe.

tempo de deus

inquieto
questiono,
e tento.
estrelas do dia
daqueles dias
que eu sorria.
raro mesmo entender
que a única realidade
final,
é invisível.
que tudo é silêncio,
que as coisas acontecem quando
e ao tempo de deus.
de repente
te encontro no vento.

saudade

esporadicamente
me desespero
em regra
tenho medo
mas não é fobia
é sintoma
do dia.
algum significado
a vida e o passado
cada uma para um lado:
talvez quem sabe
a gente se encontre por ai.

azul

não posso viver tantas verdades,
da realidade tudo é fantasia,
esse é o fascínio.
há de se ter amor,
haveremos de ser amor.
este é o ato de rebeldia.
há algo de azul e delicado
em teu rosto,
há algo de total em nossos intervalos.
rompantes de céu aberto no peito
sonhos amenos sobre a minha pele.
há algo de luz,
e o fundo dos olhos não envelhecem.
somos da mesma espécie,
o acaso amedronta e fascina.
com simplicidade te esperarei no tempo.
uma definitiva e santa loucura
te amarei visceral e pleno,
como um vício a buscar no tempo,
respeitar em silêncio nosso bem.
há algo de azul em permanecer no dia
e que da impossibilidade reste uma fresta,
mesmo que a vida seja incompleta,
mesmo que tudo seja saudade.

borboletas

as borboletas
chegam,
é verão.
vem e vão,
regressam
da primavera,
livres
e raras,
dos hemisférios
aos céus
espiando a vida.
corressem sobre os dias
que eram poesias
sobreviventes.
sem consentimento
os pensamentos viajam,
e dos retratos
flores,
brevidades
do nosso instante
infinito.

amor

enquanto eu
voz
em pensamento
transpasso o tempo,
voo radical
próximo ao azul.
ninguém pode conter o sonho
em que te respiro,
e toco sem te tocar,
flor, jardim de flor,
e atravesso a cavalo
as cidades, e a vida.
como um rombo
riscos de giz
a peito aberto, no céu.
e o cheiro
nem era mais cheiro,
nem o corpo
era mais corpo,
era só amor.

passagem

lá fora
o mundo,
os minutos sem fim
rotação dos astros
preparando ventres,
lá fora
as sementes,
dança dos passos
em círculos
fim em recomeços,
o céu das nuvens,
lentamente
respirando o dia
passeando o tempo,
o quando,
as possibilidades.
lá fora
a lua é perfeita,
a vida,
é suavidade.

tempo

meu tempo
é figura sem face.
é inventar-me,
em truques
e aceitar-me
em metades,
um outro plano,
de um todo.
é arte de reconstruir-se
na ausência.
é aventurar-se
em mudanças,
nas próprias estrelas
que habitamos
despidos.
é saber das flores,
despetalar,
antes que se fechem.
e que sejam vivas!
vidas.
fui tantas vezes feliz
pelos canteiros,
no caminho.
no tempo dos sem tempo,
no tempo além do tempo.
das lembranças
em silêncios
espalhados,
são retratos nas paredes.

o tempo
do tempo.

céu

faz-se vida
em movimento
o acontecer
que tento
a lua suspensa
sobre as mãos,
para ser presente
e como mágica
aos teus olhos
de poesia pronta,
da minha sina
no tempo da estrada
no instante que cala
dos consentimentos
e gestos que espalham,
e as horas que acabam,
entre as palavras
de um céu surpreso
da nossa eternidade.

da leveza

me espera,
vou pelas artérias
vou por dentro do silêncio
sussurrar o tempo.
me espera,
vou por dentro dos teus olhos
vou provocar as formas
e acontecer os planos.
me espera,
vou nas artérias eternas
que sustentam estações.
me espera,
nos habitamos há séculos
das primaveras dos gestos
aos primeiros versos,
da timidez do verbo.
me espera, o sangue vertido
é música de bolhas
é embrião de gente
é o celebrar colheitas.
me espera, somos raízes abraçadas,
mesmo na distância das árvores.
me espera,
vou pelas entranhas
mesmo que sussurre estranho
quando acontece a palavra.
me espera, nos habitamos
nas estrelas familiares
nos teus olhares de vida.
me espera, eu sei que me permite

vou por dentro das artérias
possíveis do sentimento.
me espera,
não posso colher as flores
sem tuas mãos em mim.

amanhecer

lá fora
o sol no jardim afaga o rosto
as janelas dos olhares,
os espelhos das faces,
as formas, identidades.
das casas
atributos de origem
cheiro de café
avental de trigo,
relógio de corda, laranjeiras
e as abelhas,
aviões dos quintais
de guerra e paz, digitais.
das bagagens
as lutas cumpridas
são rituais,
se num instante
compreende-se
a aceitar o tempo
e esperar paciente
que brotem flores.

noite

descalço,
meio anjo barroco
meio menino da rua
ficarei leve
restarei breve,
em alguma distração.
e tudo estará calmo,
delicadamente.
tinha tanto a dizer
mas nunca foi preciso.
de vez em quando
faróis luminosos
quem sabe
constelação.
de vez em quando
será noite,
e antes do sol
restaremos nossos.

paz

à noite faço emboscadas
ensaio defesas
pulo trincheiras,
à noite carrego o fardo
agasalhos
água de beber
e poucas palavras.
à noite
tem uma guerra de relógios
em minha vida
ao bater dos segundos.
à noite levo o necessário
e respeito o dia
de anjos e defeitos.
à noite tento flores no tempo
e creio.
a noite me concede uma paz
e este rosto esculpido
no silêncio da espera.

pétalas

assoprar o pó das folhas
regar as rosas,
esbarrar
e sem querer
despetalar sob a vida.
sobre o sonho que tenho
em que sorrio nas fotos
antes da ceia das frutas
dos melhores sabores
de toda fantasia.
na ilusão da face
das sombras sem disfarces
a se fartar de tempo,
dos melhores, recontados
da saudade recordada,
na tua boca líquida
das confissões dos atos.
há algo de colheitas
nas flores das ruínas
que de todas possibilidades
se tornem profecias,
que sejam cumpridas as preces
das minhas mortalidades
a remissão dos pecados
na iminência do dia.

flor

é o tempo que tento
neste dia de vida
que persisto e permito,
do meu sol em peixes
de ser sonho
e do vício,
surpreender o destino.
e te buscar por aí
do hábito da alma
a comunhão da carne,
que descerra a unidade.
algo de flor nos canteiros
que transpasso de amor,
que se faça do instante,
de toda raridade
deste tempo que tenho
o coração nos olhos
escorrendo na face.

temperatura

mesmo que seja assim, explícito
mesmo que exausto dos passos
restará de ti tudo que me deu,
restará sob o sol, o dia.
comunhão entre rio e mar,
temperatura perfeita.
restará de ti a mulher extrema,
da nossa hora plena
e dos olhares repletos.
e ainda que fossem breves,
restará de ti
a face semeada,
que é arte contemplada,
a serenidade definitiva.

olhos

me perco
no espelho
dos olhos
das imagens
familiares,
reminiscências.
não sei o ponto
dos naufrágios
acontecidos,
da tua face
interrompida.
devagar
o tempo
esquecido,
o sol
que era vida.
traço de luz
aquecido.
no espelho
dos olhos
da noite,
me perco.

pequeno manifesto

você lembra
eu calado
de tanto amar.
revelava uma peculiar
falta de assunto,
máximo,
pode chover
ou notícia
do jornal da tv.
você dizia da minha timidez,
mas eu só precisava estar.
o que dizer então
da minha falta de ar,
que nem era falta,
se o ar nem era meu
era todo teu,
respiração boca a boca.
teve um tempo
que dei para usar teus trejeitos
imitar teus tiques
teus chiliques
teus truques, teu jeito.
e você ria
achava que era brincadeira.
mas era sério,
muito sério!
aquele massacre de tanto amor.
sabe, continuo sem palavras
a me buscar por aí,
nem preciso delas

encantado,
e me calo.
de verdade
você não é assunto,
não deve ser.
acho que é sombra de forma anterior,
meu mistério
minha única poesia
o mar que mergulhei,
e não voltei.
você é minha vida.

girassol

o girassol escolhe
acompanhar o sol
amanhecido
o tempo aquecido
a flor que olha,
muito mais que flor.
a distância dispersa
os pequenos silêncios
nas brevidades.
de outro tempo virá
mais luz que haverá
no céu apreendido
dos seres que habitam
as sombras das faces,
as geometrias
contra todos os limites
contra todo destino
de formas anteriores
e única possibilidade,
os azuis espirituais
espirais do tempo
a abrigar-se na memória
e farta-se de nós,
sendo amor sobre tudo
e sobre todas as coisas
o amor até esgotar
até renascer em palavras
recriando vidas,
mais nada além do enfim
que serão nossos recomeços,

os amarelos dos amarelos
os azuis dos azuis,
o amor mais que flor
o amor mais que amor.

acorda

acorda meu amor,
é manhã de sol
chegou na janela, a vida,
água boa de beber
olhos de semente
árvores de raízes
trinca na calçada,
é vida.
são os nossos pés
são passos passados
perfeitos,
são pessoas,
são vivas!
são verdes,
nas ordens das cores
as coisas,
as ondas emboladas
as saudades.
são os azuis velozes
do tempo,
o nosso portão
de beijos,
são as luas nas ruas,
são as faces
riscos de neon
são vãos.
nas varandas das casas
as almas cheia de vozes,
que se riem, é festa!
e cochicham a nossa alegria

é vida.
sabe, quase fui feliz,
por um triz
porque nossos dias
foram bons, e são.
(maneira de dizer, mas creio.)
acorda meu amor,
vamos pela areia
embalados,
é lua!
e todas estrelas
parecem tuas...
acorda meu amor,
temos um amor para acabar.

p.s. mesmo que eu morra pela manhã,
minha poesia te encontra por ai.

Índice de poemas

- 21 a história do cosmos é a história da vida
- 22 ao teu lado
- 24 aqui
- 25 ave
- 27 bilhete
- 28 catedral
- 30 ciranda
- 31 colheita
- 32 cotidiano
- 34 dedicatória
- 35 ensaio
- 37 estrelas
- 39 condor
- 40 exercício
- 41 fé
- 42 identidade
- 44 mãe
- 46 oferenda
- 47 passagem
- 48 perder
- 49 rasuras
- 50 relógio
- 51 rua vazia
- 52 sete cores
- 53 sinais
- 54 sol
- 55 sonho
- 56 verso
- 57 voo
- 58 dia
- 59 afeto
- 60 o poeta morre

62 tempo de deus
63 saudade
64 azul
65 borboletas
66 amor
67 passagem
68 tempo
70 céu
71 da leveza
73 amanhecer
74 noite
75 paz
76 pétalas
77 flor
78 temperatura
79 olhos
80 pequeno manifesto
82 girassol
84 acorda

© 2018, Otávio Machado
Todos os direitos desta edição reservados à
Laranja Original Editora e Produtora Ltda.

www.laranjaoriginal.com.br

Edição **Filipe Moreau**
Projeto gráfico **Arquivo · Hannah Uesugi e Pedro Botton**
Produção executiva **Gabriel Mayor**

Texto revisado segundo o Novo Acordo Ortográfico
da Língua Portuguesa

Dados Internacionais de Catalogação na Publicação (CIP)
(Câmara Brasileira do Livro, SP, Brasil)

Machado, Otávio
    Longe do fim / Otávio Machado. — 1. ed. — São Paulo:
    Laranja Original, 2018. — (Coleção poetas essenciais; v. 7)

    ISBN 978-85-92875-31-2

    1. Poesia brasileira I. Título. II. Série.

18-14726   CDD-869.1

    Índices para catálogo sistemático:
    1. Poesia: Literatura brasileira 869.1

Fontes **Gilroy e Greta**
Papel **Pólen Bold 90 g/m²**
Impressão **Forma Certa**
Tiragem **300**